Impressum
Verlag: BABADADA GmbH, Nedderfeld 112 , 22529 Hamburg
Geschäftsführer / Verlagsleitung: Harald Hof
Druck: Books on Demand GmbH, In de Tarpen 42, 22848 Norderstedt

Imprint
Publisher: BABADADA GmbH, Nedderfeld 112 , 22529 Hamburg, Germany
Managing Director / Publishing direction: Harald Hof
Print: Books on Demand GmbH, In de Tarpen 42, 22848 Norderstedt

כיתה
classroom

חילק
divide

186/2

לוח
board

חצר בית ספר
school yard

מורה
teacher

נייר
paper

כתב
write

עט
pen

שולחן עבודה
desk

סרגל
ruler

ספר
book

תלמיד
pupil

ילקוט

satchel

קלמר

pencil case

עיפרון

pencil

מחדד

pencil sharpener

גומי מחיקה

rubber

חוברת סרטוט

drawing pad

סרטוט

drawing

מברשת

paintbrush

קופסת צבעים

paint box

מספריים

scissors

דבק

glue

ספר תרגול

exercise book

שיעור בית

homework

12

מספר

number

2+2

חיבר

add

5-2

חיסר

subtract

2×2

הכפיל

multiply

חישב

calculate

A

אות

letter

ABCDEFG HIJKLMN OPQRSTU VWXYZ

אלפבית

alphabet

hello

מילה

word

טקסט

text

קרא

read

גיר

chalk

שיעור

lesson

יומן נוכחות

register

מבחן

exam

תעודה

certificate

תלבושת בית ספר

school uniform

חינוך

education

אנציקלופדיה

encyclopedia

אוניברסיטה

university

מיקרוסקופ

microscope

מפה

map

סל נייר

waste-paper basket

מלון
hotel

הוסטל
hostel

המרת מטבע
bureau de change

מזוודה
suitcase

אוטו
car

שפה
language

כן / לא
yes / no

בסדר
Okay

שלום
hello

מתרגם
translator

תודה
Thank you

כמה עולה.....?

how much is…?

אני לא מבין

I do not understand

בעיה

problem

ערב טוב!

Good evening!

בוקר טוב!

Good morning!

לילה טוב!

Good night!

להתראות

bye bye

כיוון

direction

כבודה

luggage

תיק

bag

תרמיל גב

backpack

אורח

guest

חדר

room

שק שינה

sleeping bag

אוהל

tent

מרכז מידע לתיירים

tourist information

חוף ים

beach

כרטיס אשראי

credit card

ארוחת בוקר

breakfast

ארוחת צהריים

lunch

ארוחת ערב

dinner

כרטיס

ticket

מעלית

lift

בול

stamp

גבול

border

מכס

customs

שגרירות

embassy

אשרה

visa

דרכון

passport

מטוס
aeroplane

אונייה
ship

כבאית
fire engine

אוטובוס
bus

משאית
truck

סירת מנוע
motorboat

אופניים
bike

אוטו
car

מעבורת
ferry

סירה
boat

אופנוע
motorbike

ניידת משטרה
police car

מכונית מרוץ
racing car

רכב שכור
rental car

מכוניות בשיתוף

car sharing

אוטו גרר

breakdown truck

משאית זבל

refuse truck

מנוע

motor

דלק

fuel

תחנת דלק

petrol station

תמרור

traffic sign

תנועה

traffic

פקק תנועה

traffic jam

חניה

car park

תחנת רכבת

train station

פסי רכבת

tracks

רכבת

train

רכבת קלה

tram

קרון

carriage

מסוק

helicopter

שדה-תעופה

airport

מגדל

tower

נוסע

passenger

קונטיינר

container

קרטון

carton

עגלה

cart

סל

basket

המראה / נחיתה

take off / land

עיר

city

כפר

village

מרכז העיר

city centre

בית

house

קולנוע
cinema

פרסומת
advert

מנורת רחוב
street lamp

רחוב
street

מונית
taxi

קיוסק
snack shop

הולך רגל
pedestrian

רציף
pavement

מעבר חצייה
zebra crossing

פח אשפה
bin

צומת
crossing

רמזור
traffic lights

בקתה
....
hut

דירה
....
flat

תחנת רכבת
....
train station

עירייה
....
town hall

מוזיאון
....
museum

בית ספר
....
school

אוניברסיטה

university

בנק

bank

בית חולים

hospital

מלון

hotel

בית מרקחת

pharmacy

משרד

office

חנות ספרים

book shop

חנות

shop

חנות פרחים

florist's

סופרמרקט

supermarket

שוק

market

כל-בו

department store

מוכר דגים

fishmonger's

קניון

shopping centre

נמל

harbour

פארק

park

ספסל

bench

גשר

bridge

מדרגות

stairs

רכבת תחתית

underground

מנהרה

tunnel

תחנת אוטובוס

bus stop

בר

bar

מסעדה

restaurant

תא דואר

postbox

שלט רחוב

street sign

מדחן

parking meter

גן חיות

zoo

בריכת שחיה

swimming pool

מסגד

mosque

חווה
farm

זיהום
pollution

בית עלמין
graveyard

כנסייה
church

מגרש משחקים
playground

בית מקדש
temple

נוף
landscape

עלה
leaf

תמרור
signpost

דרך
way

מרעה
meadow

אבן
stone

עץ
tree

מטייל
hiker

נהר
river

דשא
grass

פרח
flower

בקעה

valley

הר

hill

אגם

lake

יער

forest

מדבר

desert

הר געש

volcano

טירה

castle

קשת בענן

rainbow

פטריה

mushroom

דקל

palm tree

יתוש

mosquito

זבוב

fly

נמלה

ant

דבורה

bee

עכביש

spider

חיפושית

beetle

צפרדע

frog

סנאי

squirrel

קיפוד

hedgehog

ארנב

hare

ינשוף

owl

ציפור

bird

ברבור

swan

חזיר בר

boar

צבי

deer

אייל הקורא

moose

סכר

dam

טורבינת רוח

wind turbine

פנל סולארי

solar panel

אקלים

climate

מלצר
waiter

תפריט
menu

כסא
chair

מרק
soup

פיצה
pizza

סכו"ם
cutlery

מפת שולחן
tablecloth

מנת פתיחה
starter

מנה עיקרית
main course

קינוח
dessert

שתיות
drinks

אוכל
food

בקבוק
bottle

מזון מהיר

fast food

אוכל רחוב

street food

קנקן תה

teapot

מסכרת

sugar bowl

מנה

portion

מכונת אספרסו

espresso machine

כסא תינוק

high chair

חשבון

bill

מגש

tray

סכין

knife

מזלג

fork

כף

spoon

כפית

teaspoon

מפית

serviette

כוס

glass

צלחת

plate

קערת מרק

soup plate

תחתית

saucer

רוטב

sauce

מלחייה

salt pot

מטחנת פלפל

pepper mill

חומץ

vinegar

שמן

oil

תבלינים

spices

קטשופ

ketchup

חרדל

mustard

מיונז

mayonnaise

מבצע
special offer

לקוח
customer

מוצרי חלב
dairy

פירות
fruit

עגלת קניות
trolley

אטליז
butcher´s

מאפייה
baker´s

שקל
weigh

ירקות
vegetables

בשר
meat

מזון קפוא
frozen food

בשר קר

cold meat

שימורים

tinned food

washing powder

אבקת כביסה

ממתקים

sweets

מוצרי בית

household products

חומר ניקוי

cleaning products

מוכרת

salesperson

קופה

till

קופאי

cashier

רשימת קניות

shopping list

שעות פתיחה

opening hours

ארנק

wallet

כרטיס אשראי

credit card

תיק

bag

שקית ניילון

plastic bag

מים

water

מיץ

juice

חלב

milk

קולה

coke

יין

wine

בירה

beer

אלכוהול

alcohol

קקאו

cocoa

תה

tea

קפה

coffee

אספרסו

espresso

קפוצ'ינו

cappuccino

בננה

banana

תפוח

apple

תפוז

orange

אבטיח

melon

לימון

lemon

גזר

carrot

שום

garlic

במבוק

bamboo

בצל

onion

פטריות

mushroom

אגוזים

nuts

אטריות

noodles

ספגטי

spaghetti

אורז

rice

סלט

salad

צ'יפס

chips

צ'יפס

fried potatoes

פיצה

pizza

המבורגר

hamburger

כריך

sandwich

שניצל

cutlet

שינקין

ham

סלאמי

salami

נקניקיה

sausage

עוף

chicken

טיגון

roast

דג

fish

שיבולת שועל

porridge oats

מוזלי

muesli

קורנפלקס

cornflakes

קמח

flour

קרואסון

croissant

לחמנייה

bread roll

לחם

bread

טוסט

toast

עוגיות

biscuits

חמאה

butter

גבינה לבנה

curd

עוגה

cake

ביצה

egg

ביצת עין

fried egg

גבינה

cheese

גלידה

ice cream

סוכר

sugar

דבש

honey

ריבה

jam

ממרח נוגט

chocolate spread

קארי

curry

בית חווה
farmhouse

חבילת שחת
straw bale

אסם
barn

שדה
field

סוס
horse

עגלת נגרר
trailer

סייח
foal

טרקטור
tractor

חמור
donkey

כבש
sheep

טלה
lamb

עז
goat

פרה
cow

עגל
calf

חזיר
pig

חזרזיר
piglet

שור
bull

אווז

goose

ברווז

duck

אפרוח

chick

תרנגולת

hen

תרנגול

cock

חולדה

rat

חתול

cat

עכבר

mouse

שור

ox

כלב

dog

מלונה

doghouse

צינור השקיה

garden hose

קנקן מים

watering can

חרמש

scythe

מחרשה

plough

מגל

sickle

מגרפה

hoe

קלשון

pitchfork

גרזן

axe

מריצה

wheelbarrow

שוקת

trough

כד חלב

milk can

שק

sack

גדר

fence

אורווה

stable

חממה

greenhouse

אדמה

soil

זרע

seed

דשן

fertilizer

מקצרה

combine harvester

קצר

harvest

קציר

harvest

בטטה אפריקנית

yams

חיטה

wheat

סויה

soy

תפוח אדמה

potato

תירס

corn

קנולה

rapeseed

עץ פירות

fruit tree

קסבה

cassava

דגנים

cereals

ארובה
chimney

גג
roof

מרזב
drainpipe

חלון
window

מוסך
garage

פעמון
doorbell

דלת
door

פח אשפה
rubbish bin

תיבת מכתבים
letterbox

גינה
garden

סלון
living room

חדר אמבטיה
bathroom

מטבח
kitchen

חדר שינה
bedroom

חדר ילדים
child's room

חדר אוכל
dining room

רצפה

floor

קיר

wall

תקרה

ceiling

מרתף

cellar

סאונה

sauna

מרפסת

balcony

מרפסת

terrace

בריכה

pool

מכסחת דשא

lawn mower

סדין

sheet

כיסוי מיטה

bedspread

מיטה

bed

מטאטא

broom

דלי

bucket

מפסק

switch

טפט
wallpaper

תמונה
picture

מנורה
lamp

מדף
shelf

ארון
cupboard

אח
fireplace

טלוויזיה
television

פרח
flower

כרית
cushion

ספה
sofa

אגרטל
vase

שלט רחוק
remote control

שטיח
carpet

וילון
curtain

שולחן
table

כסא
chair

כיסא נדנדה
rocking chair

כורסה
armchair

ספר

book

שמיכה

blanket

דקורציה

decoration

עצי הסקה

firewood

סרט

film

מערכת סטריאו

hi-fi equipment

מפתח

key

עיתון

newspaper

ציור

painting

פוסטר

poster

רדיו

radio

מחברת

notepad

שואב אבק

hoover

קקטוס

cactus

נר

candle

מקרר
fridge

מיקרוגל
microwave oven

מאזני מטבח
kitchen scales

טוסטר
toaster

חומר ניקוי
detergent

מקפיא
freezer

תנור
oven

פח אשפה
rubbish bin

מדיח כלים
dishwasher

תנור

cooker

סיר

pot

סיר ברזל

cast-iron pot

ווק

wok / kadai

מחבת

pan

קומקום חשמלי

kettle

מאדה

steamer

מגש אפייה

baking tray

כלי אוכל

crockery

ספל

mug

קערה

bowl

צ'ופסטיקס

chopsticks

מצקת

ladle

מרית

spatula

מטרפה

whisk

מסננת בישול

strainer

מסננת

sieve

מגרדת

grater

מכתש

mortar

גריל

barbecue

מדורה

open fire

קרש חיתוך
chopping board

מערוך
rolling pin

פותחן פקקים
corkscrew

פחית
can

פותחן קופסאות
can opener

מטלית
pot holder

כיור
sink

מברשת
brush

ספוג
sponge

בלנדר
blender

מקפיא
deep freezer

בקבוק לתינוק
baby bottle

ברז
tap

bathroom

מקלחת
shower

חימום
heating

מגבת
towel

וילון מקלחת
shower curtain

אמבטיית קצף
bubble bath

אמבטיה
bathtub

כוס
glass

מכונת כביסה
washing machine

אריחים
tiles

ברז
tap

סיר לילה
potty

כיור
sink

אסלה
toilet

אסלת כריעה
squat toilet

בידה
bidet

משתנה
urinal

נייר טואלט
toilet paper

מברשת אסלה
toilet brush

מברשת שיניים

toothbrush

משחת שיניים

toothpaste

חוט דנטלי

dental floss

שטף

wash

מקלחת יד

handheld shower

צינור שטיפה לשירותים

douche

קערת רחצה

basin

מברשת גב

back brush

סבון

soap

ג'ל רחצה

shower gel

שמפו

shampoo

ליפה

flannel

ניקוז

drain

קרם

cream

דיאודורנט

deodorant

מראה

mirror

מראת יד

hand mirror

סכין גילוח

razor

קצף גילוח

shaving foam

אפטרשייב

aftershave

מסרק

comb

מברשת

brush

מייבש שיער

hair dryer

ספריי לשיער

hairspray

איפור

makeup

שפתון

lipstick

לק

nail varnish

צמר גפן

cotton wool

מספריים לציפורניים

nail scissors

בושם

perfume

תיק כלי רחצה
washbag

שרפרף
stool

משקל
weighing scale

חלוק רחצה
bathrobe

כפפות גומי
rubber gloves

טמפון
tampon

תחבושת סניטרית
sanitary towel

שירותים כימיקליים
chemical toilet

שעון מעורר
alarm clock

צעצוע חיבוק
cuddly toy

מכונית צעצוע
toy car

רעשן
rattle

בית בובות
doll's house

מתנה
present

בלון
balloon

מיטה
bed

עגלה
pram

משחק קלפים
deck of cards

פאזל
jigsaw

קומיקס
comic

לגו

lego bricks

קוביות משחק

building blocks

דמות משחק

action figure

סרבל תינוקות

babygrow

פריזבי

frisbee

נייד

mobile

משחק לוח

board game

קוביה

dice

רכבת צעצוע

model train set

מוצץ

dummy

מסיבה

party

אלבום תמונות

picture book

כדור

ball

בובה

doll

שיחק

play

ארגז חול

sandpit

נדנדה

swing

צעצועים

toys

קונסולת משחקים

video game console

אופניים תלת גלגלי

tricycle

דובון

teddy bear

ארון בגדים

wardrobe

בגדים
clothing

גרביים

socks

גרביונים

stockings

גרביון

tights

צעיף
scarf

מטריה
umbrella

חולצת טי
t-shirt

חגורה
belt

נעלי בית
slippers

מגפיים
boots

נעלי ספורט
trainers

סנדלים
....
sandals

נעליים
....
shoes

מגפי גומי
....
rubber boots

תחתונים
....
underpants

חזייה
....
bra

וסט
....
vest

גוף

body

מכנסיים

trousers

ג'ינס

jeans

חצאית

skirt

חולצה מכופתרת

blouse

חולצה

shirt

אפודה

pullover

סווצ'ר עם קפוצ'ון

hoodie

בלייזר

blazer

ז'קט

jacket

מעיל

coat

מעיל גשם

raincoat

תלבושת

costume

שמלה

dress

שמלת כלה

wedding dress

חליפה

suit

כותונת לילה

nightgown

פיג'מה

pyjamas

סארי

sari

מטפחת ראש

headscarf

טורבן

turban

בורקה

burqa

קאפטן

kaftan

עבאיה

abaya

בגד ים

swimsuit

בגד ים

trunks

מכנסיים קצרים

shorts

בגד אימון

tracksuit

סינר

apron

כפפות

gloves

כפתור

button

משקפיים

glasses

צמיד יד

bracelet

שרשרת

necklace

טבעת

ring

עגיל

earring

כובע

cap

קולב

coat hanger

כובע

hat

עניבה

tie

רוכסן

zip

קסדה

helmet

כתפיות

braces

תלבושת בית ספר

school uniform

מדים

uniform

מפית אוכל

bib

מוצץ

dummy

חיתול

nappy

משרד

office

שרת
server

תיקייה
filing cabinet

מדפסת
printer

נייר
paper

מסך
monitor

שולחן עבודה
desk

עכבר
mouse

תיק
folder

מקלדת
keyboard

סל נייר
waste-paper basket

מחשב
computer

כסא
chair

ספל קפה

coffee mug

מחשבון

calculator

אינטרנט

internet

מחשב נייד

laptop

מכתב

letter

הודעה

message

נייד

mobile

רשת

network

מכונת צילום

photocopier

תוכנה

software

טלפון

telephone

שקע

plug socket

פקס

fax machine

טופס

form

מסמך

document

קנה

buy

שילם

pay

סחר

trade

כסף

money

דולר

dollar

יורו

euro

ין

yen

רובל

rouble

פרנק שווייצרי

Swiss franc

יואן רנמינבי

renminbi yuan

רופי

rupee

כספומט

cashpoint

המרת מטבע

bureau de change

זהב

gold

כסף

silver

נפט

oil

אנרגיה

energy

מחיר

price

חוזה

contract

מס

tax

מנייה

stock

עבד

work

עובד

employee

מעסיק

employer

מפעל

factory

חנות

shop

שוטר
police officer

כבאי
fireman

טבח
cook

רופא
doctor

טייס
pilot

גנן

gardener

נגר

carpenter

תופרת

seamstress

שופט

judge

כימאי

chemist

שחקן

actor

נהג אוטובוס

bus driver

נהג מונית

taxi driver

דייג

fisherman

עובדת נקיון

cleaning lady

מתקן גגות

roofer

מלצר

waiter

צייד

hunter

צייר

painter

אופה

baker

חשמלאי

electrician

עובד בניין

builder

מהנדס

engineer

קצב

butcher

אינסטלטור

plumber

דוור

postman

מקצועות - occupations

חייל

soldier

אדריכל

architect

קופאי

cashier

מוכר פרחים

florist

ספר

hairdresser

כרטיסן

conductor

מכונאי

mechanic

קברניט

captain

רופא שיניים

dentist

מדען

scientist

רב

rabbi

אימאם

imam

נזיר

monk

כומר

clergyman

פטיש
hammer

צבת
pliers

מברג
screwdriver

מפתח ברגים
spanner

פנס
torch

דחפור

digger

ארגז כלים

toolbox

סולם

ladder

מסור

saw

מסמרים

nails

מקדחה

drill

תיקון

repair

את חפירה

shovel

לעזאזל!

Damn!

יעה

dustpan

פח צבע

paint pot

ברגים

screws

כלי נגינה

musical instruments

מערכת תופים
drum kit

רמקול
loudspeaker

גיטרה
guitar

קונטראבס
double bass

חצוצרה
trumpet

פסנתר

piano

כינור

violin

בס

bass

תוף הדוד

timpani

תופים

drums

מקלדת פסנתר

keyboard

סקסופון

saxophone

חליל

flute

מיקרופון

microphone

נמר
tiger

כניסה
entrance

כלוב
cage

זברה
zebra

מזון לחיות
animal feed

פנדה
panda

בעלי חיים
animals

פיל
elephant

קנגרו
kangaroo

קרנף
rhino

גורילה
gorilla

דוב
bear

גמל

camel

יען

ostrich

אריה

lion

קוף

monkey

פלמינגו

flamingo

תוכי

parrot

דוב הקרח

polar bear

פינגווין

penguin

כריש

shark

טווס

peacock

נחש

snake

תנין

crocodile

שומר גן החיות

zookeeper

כלב ים

seal

יגואר

jaguar

סוס פוני

pony

לאופרד

leopard

היפופוטאם

hippo

ג'ירפה

giraffe

נשר

eagle

חזיר בר

boar

דג

fish

צב

turtle

סוס ים

walrus

שועל

fox

איילה

gazelle

פוטבול אמריקאי
American football

רכיבת אופניים
cycling

טניס
tennis

כדורסל
basketball

שחיה
swimming

אגרוף
boxing

הוקי
ice hockey

כדורגל
football

בדמינטון
badminton

אתלטיקה
athletics

כדור-יד
handball

עשה סקי
skiing

פולו
polo

קפץ jump

חיבק hug

צחק laugh

הלך walk

שר sing

חלם dream

התפלל pray

נשק kiss

כתב
write

צייר
draw

הראה
show

דחף
push

נתן
give

לקח
take

יש / להיות הבעלים

have

עשה

do

היה

be

עמד

stand

רץ

run

משך

pull

זרק

throw

נפל

fall

שכב

lie

חיכה

wait

סחב

carry

ישב

sit

התלבש

get dressed

ישן

sleep

התעורר

wake up

פעילויות - activities

הסתכל ב-

look at

בכה

cry

ליטף

stroke

סירק

comb

דיבר

talk

הבין

understand

שאל

ask

שמע

listen

שתה

drink

אכל

eat

סידר

tidy up

אהב

love

בישל

cook

נהג

drive

עף

fly

שט

sail

חישב

calculate

קרא

read

למד

learn

עבד

work

התחתן

marry

תפר

sew

ציחצח שיניים

brush teeth

הרג

kill

עישן

smoke

שלח

send

סבתא
grandmother

סבא
grandfather

אבא
father

אימא
mother

תינוק
baby

בת
daughter

בן
son

אורח
guest

דודה
aunt

דוד
uncle

אח
brother

אחות
sister

מצח
forehead

עין
eye

כתף
shoulder

אצבע
finger

פנים
face

סנטר
chin

כף יד
hand

רגל
leg

חזה
breast

זרוע
arm

תינוק
baby

איש
man

אישה
woman

ילדה
girl

ילד
boy

ראש
head

גב

back

בטן

belly

טבור

belly button

אצבע

toe

עקב

heel

עצם

bone

ירך

hip

ברך

knee

מרפק

elbow

אף

nose

עכוז

bottom

עור

skin

לחי

cheek

אוזן

ear

שפתיים

lip

פה

mouth

שֵׁן

tooth

לָשׁוֹן

tongue

מוֹחַ

brain

לֵב

heart

שְׁרִיר

muscle

רֵיאָה

lung

כָּבֵד

liver

קֵיבָה

stomach

כְּלָיוֹת

kidneys

מִין

sex

קוֹנְדוֹם

condom

בֵּיצִית

ovum

זֶרַע

semen

הֵרָיוֹן

pregnancy

גוף - body

ווסת

menstruation

נרתיק

vagina

פין

penis

גבה

eyebrow

שיער

hair

צוואר

neck

בית חולים
hospital

אמבולנס
ambulance

כיסא גלגלים
wheelchair

שבר
fracture

רופא
doctor

חדר מיון
emergency room

אחות
nurse

חירום
emergency

חסר הכרה
unconscious

כאב
pain

פציעה
injury

דימום
bleeding

התקף לב
heart attack

שבץ
stroke

אלרגיה
allergy

שיעול
cough

חום
fever

שפעת
flu

שלשול
diarrhoea

כאב ראש
headache

סרטן
cancer

סוכרת
diabetes

מנתח
surgeon

אזמל
scalpel

ניתוח
operation

סי-טי

CT

רנטגן

x-ray

אולטרסאונד

ultrasound

מסיכת פנים

face mask

מחלה

disease

חדר המתנה

waiting room

קבה

crutch

פלסטר

plaster

תחבושת

bandage

זריקה

injection

סטטוסקופ

stethoscope

אלונקה

stretcher

מד חום

clinical thermometer

לידה

birth

עודף משקל

overweight

מכשיר שמיעה

hearing aid

מחטא

disinfectant

זיהום

infection

נגיף

virus

איידס

HIV / AIDS

תרופה

medicine

חיסון

vaccination

טבליות

tablets

גלולה

pill

קריאת חירום

emergency call

מד לחץ דם

blood pressure monitor

חולה / בריא

ill / healthy

הצילו!	אזעקה	פשיטה
Help!	alarm	assault

תקיפה	סכנה	יציאת חירום
attack	danger	emergency exit

אש!	מטף כיבוי	תאונה
Fire!	fire extinguisher	accident

ערכת עזרה ראשונה	הצילו!	משטרה
first-aid kit	SOS	police

אירופה

Europe

צפון אמריקה

North America

דרום אמריקה

South America

אפריקה

Africa

אסיה

Asia

אוסטרליה

Australia

האוקיינוס האטלנטי

Atlantic

האוקיינוס השקט

Pacific

האוקיינוס ההודי

Indian Ocean

האוקיינוס האנטרקטי

Antarctic Ocean

האוקיינוס הארקטי

Arctic Ocean

הקוטב הצפוני

North Pole

הקוטב הדרומי

South Pole

אנטארקטיקה

Antarctica

כדור הארץ

Earth

אדמה

land

ים

sea

אי

island

לאום

nation

מדינה

state

פני השעון
clock face

מחוג השעות
hour hand

מחוג הדקות
minute hand

מחוג השניות
second hand

מה השעה?
What time is it?

יום
day

זמן
time

עכשיו
now

שעון דיגיטלי
digital watch

דקה
minute

שעה
hour

יום שני
Monday

יום רביעי
Wednesday

יום שישי
Friday

יום שלישי
Tuesday

יום שבת
Saturday

יום חמישי
Thursday

יום ראשון
Sunday

אתמול

yesterday

היום

today

מחר

tomorrow

בוקר

morning

צהריים

noon

ערב

evening

ימי עבודה

business days

סוף שבוע

weekend

גשם
rain

קשת בענן
rainbow

רוח
wind

שלג
snow

אביב
spring

קיץ
summer

סתיו
autumn

חורף
winter

תחזית מזג האוויר
weather forecast

מד חום
thermometer

אור שמש
sunshine

ענן
cloud

ערפל
fog

לחות
humidity

ברק

lightning

רעם

thunder

סערה

storm

ברד

hail

רוח עונתי

monsoon

שיטפון

flood

קרח

ice

ינואר

January

פברואר

February

מרץ

March

אפריל

April

מאי

May

יוני

June

יולי

July

אוגוסט

August

ספטמבר

September

אוקטובר

October

נובמבר

November

דצמבר

December

צורות
shapes

עיגול

circle

מרובע

square

מלבן

rectangle

משולש

triangle

כדור

sphere

קובייה

cube

לבן

white

צהוב

yellow

כתום

orange

ורוד

pink

אדום

red

סגול

purple

כחול

blue

ירוק

green

חום

brown

אפור

grey

שחור

black

הרבה / מעט

a lot / a little

כועס / רגוע

angry / calm

יפה / מכוער

beautiful / ugly

התחלה / סוף

beginning / end

גדול / קטן

big / small

בהיר / כהה

bright / dark

אח / אחות

brother / sister

נקי / מלוכלך

clean / dirty

שלם / חלקי

complete / incomplete

יום /לילה

day / night

מת / חי

dead / alive

רחב / צר

wide / narrow

אכיל / לא אכיל

edible / inedible

רשע / טוב לב

evil / kind

מתרגש / משועמם

excited / bored

שמן / רזה

fat / thin

ראשון / אחרון

first / last

חבר / אויב

friend / enemy

מלא / ריק

full / empty

קשה / רך

hard / soft

כבד / קל

heavy / light

רעב / צמא

hunger / thirst

חולה / בריא

ill / healthy

בלתי-חוקי / חוקי

illegal / legal

נבון / טיפש

intelligent / stupid

שמאל / ימין

left / right

קרוב / רחוק

near / far

חדש / משומש

new / used

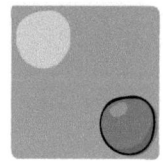

כלום / משהו

nothing / something

זקן / צעיר

old / young

פעיל / כבוי

on / off

פתוח / סגור

open / closed

שקט / רועש

quiet / loud

עשיר / עני

rich / poor

נכון / שגוי

right / wrong

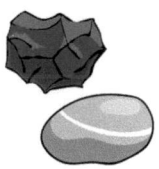

מחוספס / חלק

rough / smooth

עצוב / שמח

sad / happy

קצר / ארוך

short / long

איטי / מהיר

slow / fast

רטוב / יבש

wet / dry

חם / קר

warm / cool

מלחמה / שלום

war / peace

0

אפס

zero

1

אחת

one

2

שתיים

two

3

שלוש

three

4

ארבע

four

5

חמש

five

6

שש

six

7

שבע

seven

8

שמונה

eight

9

תשע

nine

10

עשר

ten

11

אחת-עשרה

eleven

12

שתים-עשרה

twelve

13

שלוש-עשרה

thirteen

14

ארבע-עשרה

fourteen

15

חמש-עשרה

fifteen

16

שש-עשרה

sixteen

17

שבע-עשרה

seventeen

18

שמונה-עשרה

eighteen

19

תשע-עשרה

nineteen

20

עשרים

twenty

100

מאה

hundred

1.000

אלף

thousand

1.000.000

מיליון

million

אנגלית

English

אנגלית אמריקאית

American English

סינית מנדרינית

Chinese Mandarin

הודית

Hindi

ספרדית

Spanish

צרפתית

French

ערבית

Arabic

רוסית

Russian

פורטוגזית

Portuguese

בנגלית

Bengali

גרמנית

German

יפנית

Japanese

אני

I

אתה / את

you

הוא / היא / זה

he / she / it

אנחנו

we

אתם

you

הם

they

מי?

who?

מה?

what?

איך?

how?

איפה?

where?

מתי?

when?

שם

name

מאחור

behind

בתוך

in

לפני

in front of

מעל

over

על

on

מתחת

under

ליד

beside

בין

between

מקום

place